Gordon Kronzucker

9 783839 181171

Fragenkatalog - Vorstellungsgespräch

Fragebogen, Ablauf, Tipps & Trick bei Ihrem
Vorstellungsgespräch

Herstellung und Verlag:
Books on Demand GmbH, Norderstedt
ISBN: 978-383-918-117-1

Auflage 01
2010

Inhaltsverzeichnis

Vorwort

Liebe Leser,

monatlich werden allein bei Google weit mehr als 49.500 Suchanfragen zu dem Thema „Fragen bei einem Vorstellungsgespräch" gestartet. Umso mehr war ich verwundert, dass es hierzu so gut wie keinerlei Literatur noch Webpräsenzen gibt.

Mit diesem Buch haben Sie sich entschieden, sich intensiv auf Ihr bevorstehendes Vorstellungsgespräch vorzubereiten. Sie erhalten mit diesem Band jedoch nicht nur einen lapidaren Fragebogen, sondern komplett strukturierte Tipps und Tricks bei Ihrer Bewerbung sowie eine Aufstellung von Fragemöglichkeiten, die auch Sie umgekehrt den jeweiligen Unternehmen stellen können.

Haben Sie Angst vor der Frage nach Ihren Schwächen? Niemand ist perfekt. Eine Stärke liegt hingegen darin, seine Schwächen zu kennen. Wenn Sie eine Schwäche nennen, ergänzen Sie danach immer den Satz mit einem "aber..." und dann fügen Sie einen positiven Gegenpunkt an.

Mit diesem Band haben Sie die richtige Waffe gewählt, denn Sie ist komplett mit Beispielen belegt. Nach diesem Buch, brauchen Sie keine Scheu mehr vor einem Vorstellungsgespräch haben!

Einleitung

Nicht umsonst heißen Vorstellungsgespräche auch Jobinterviews. Gewiss, in erster Linie geht es dabei darum, sich gegenseitig besser kennenzulernen. Der Personaler will heraus finden, ob sein (schriftlicher) Eindruck stimmt; der Bewerber kann und sollte prüfen, ob die Stelle und die Unternehmenskultur zu ihm passen. Damit aus der Vorstellung ein echtes Gespräch und kein Vorstellungsverhör wird, kommt es also darauf an, dass sich beide gut vorbereiten, sich gegenseitig zuhören – und dass auch der Bewerber ein paar Rückfragen stellt.

Sie geben Personalern nicht nur Aufschluss über die Motivation und den Anspruch eines Kandidaten, sondern auch darauf, wie intensiv der sich mit dem Job, dem Unternehmen und der jeweiligen Branche auseinander gesetzt hat.

Täuschen Sie sich nicht: Es gibt dabei auch dumme Fragen! Dämlich wäre zum Beispiel Fragen zu stellen, die man mit einem Klick auf der Unternehmens-Webseite leicht beantworten kann.

Genauso fatal: Fragen, die der Interviewer sowieso nur auf eine Art beantworten kann, also etwa: Ist das Betriebsklima gut? Ist mein künftiger Chef nett? Habe ich gute Aufstiegschancen? ... Nein, haben Sie nicht...!

Wer solche Fragen stellt, ist offensichtlich naiv, unvorbereitet und katapultiert sich subito ins Aus.

Unklug sind aber auch Fragen zu Arbeits- oder Urlaubszeiten, zu Zusatzleistungen, Vergünstigungen oder baldigen Gehaltserhöhungen. Das stellt Ihre Motivation gewaltig in Frage.

Ebenso wenig sollten Sie Unsicherheit durchblicken lassen. Fragen Sie also bitte nicht, ob Sie einen guten Eindruck hinterlassen haben oder wie Ihre Chancen stehen. Die Grundhaltung muss sein: Das Unternehmen hat hier gerade eine Superchance, Sie einzustellen. Auch wenn Sie das bitte nie verbalisieren oder den Fehler begehen, in Arroganz zu verfallen! Es ist nur eine Grundhaltung um Ihr Selbstbewusstsein zu festigen.

Deutlich besser wirkt, wer sich während des Vorstellungsgesprächs Notizen macht und anschließend Detailfragen zu seinem künftigen Einsatzgebiet stellt: Wie groß ist das Team? Welche Erwartungen hat man von mir in den kommenden zwei Jahren? Wo liegen die speziellen Herausforderungen der Position? Wo werde ich überall eingesetzt? An wen muss ich berichten? Wer berichtet mir? Ist noch Zeit, sich den Arbeitsplatz vielleicht gerade noch anzusehen? Haben Sie keinerlei Skrupel nachzubohren, falls der Personaler an einigen Stellen ungenau geblieben ist.

Chuzpe ist nie verkehrt, übertreiben Sie es aber auch nicht. Heißt: Drehen Sie den Spieß nicht einfach herum und stellen Sie dem Personaler dieselben Fragen mit vertauschten Rollen ("Warum sollte ich mich denn für Ihr Unternehmen entscheiden?"). Einzig erlaubt: der Wechsel auf die persönliche Ebene ("Warum haben Sie sich damals für dieses Unternehmen entschieden?").

Das allerdings ist die Kür, voran steht noch das Pflichtprogramm der typischen Fragen, die in einem Vorstellungsgespräch fallen können. Die folgende Auswahl listet ganze 100 davon auf, die so natürlich nie auf einmal gestellt werden und die Sie auch nicht akribisch samt dazugehöriger Antwort Auswendiglernen sollten. Das wäre Unfug (Deshalb gibt es dazu auch keine Antworten: Personaler erkennen Standardantworten sofort und hassen sie).

Sich darauf vorbereiten und zumindest darüber nachdenken, was Sie darauf antworten könnten, sollten Sie aber trotzdem. Denn viele der Fragen liefern zugleich gute Denkanstöße – nicht nur, um sich gedanklich auf das Interview einzustimmen, sondern auch um im Vorfeld zu prüfen, warum Sie den Job überhaupt antreten wollen.

100 Fragen

Gerne genutzte Gesprächsöffner

1. Erzählen Sie etwas über sich.
2. Warum sollten wir Sie einstellen?
3. Was können Sie für uns tun, was andere nicht können?
4. Warum möchten Sie diesen Job?
5. Warum kommen Sie zu spät? *(pure Provokation)*

Fragen zur Bewerbungsmotivation

6. Welche Ziele verfolgen Sie mit diesem neuen Job?
7. Warum haben Sie noch keine neue Stelle gefunden?
8. Warum wollen Sie Ihren bisherigen Job aufgeben?
9. Was haben Sie an Ihrem vergangenen Job überhaupt nicht gemocht?
10. Was werden Sie an Ihrem jetzigen/letzten Job am meisten vermissen?
11. Was denken Sie über Ihren letzten Chef?
12. Was wissen Sie über unser Unternehmen?
13. Was wissen Sie über unsere Branche?
14. Was haben Sie vorher verdient?
15. Welches Gehalt stellen Sie sich vor?
16. Wenn ich Ihnen Ihr Gehalt zahle, dass Sie fordern, dafür aber von Ihnen verlange, Ihre

Stellenbeschreibung für das kommende Jahr zu schreiben – was stünde darin?

17. Wie lange würde es dauern, bis Sie bei uns einen signifikanten Beitrag leisten?
18. Wären Sie bereit, umzuziehen?
19. Haben Sie auch Fragen an mich?
20. Wenn Sie jemanden für diese Stelle interviewen müssten, auf was würden Sie achten?

Persönlichkeit / Stärken-Schwächen-Profil

21. Was sind Ihre Stärken?
22. Nennen Sie bitte drei positive Dinge, die Ihr ehemaliger Chef über Sie sagen würde.
23. Und was würde er negatives über Sie sagen?
24. Was sind Ihre Schwächen?
25. Geben Sie mir ein paar Beispiele von Ideen, die Sie umgesetzt haben.
26. Was ist Ihr größter Fehler – und was haben Sie daraus gelernt?
27. Wenn ich Ihren ehemaligen Vorgesetzten fragen würde, welche Weiterbildung für Sie noch wichtig wäre – was würde er antworten?
28. Welche drei positiven Charaktereigenschaften fehlen Ihnen?
29. Wovor haben Sie am meisten Angst?
30. Nennen Sie mir jeweils ein Beispiel, wann Sie überdurchschnittliches und unterdurchschnittliches geleistet haben.

31. Können Sie beschreiben, wie das war, als Sie für Ihre Arbeit kritisiert wurden?
32. Was irritiert Sie am meisten an anderen Menschen und wie gehen Sie damit um?
33. Sagen Sie mir etwas über Sie, das ich Ihrer Meinung nach unbedingt wissen sollte.
34. Wo möchten Sie in fünf Jahren stehen?
35. Wohin möchten Sie sich in Ihrer Karriere entwickeln?
36. Was ist Ihr größter Erfolg, den Sie außerhalb Ihres Berufs erreicht haben?
37. Was sind Ihre großen Lebensträume?

Fragen zur Arbeitsweise

38. Wie motivieren Sie sich?
39. Wie würden Sie Ihren Arbeitsstil beschreiben?
40. Was war das letzte Projekt, an dem Sie gearbeitet haben und was war das Ergebnis?
41. Welche Techniken oder Werkzeuge nutzen Sie, um sich selbst zu organisieren?
42. Was würden Sie tun, wenn Sie wüssten, dass Sie Ihre Tagesaufgaben unmöglich alle schaffen können?
43. Wie stellen Sie möglichst schnell Ihre Vertrauenswürdigkeit in Ihrem neuen Team unter Beweis?
44. Wie fühlen Sie sich, wenn Sie ein "Nein" als Antwort erhalten?

45. Erzählen Sie mir davon, wie Sie einen Kollegen kritisieren mussten. Wie haben Sie das gemacht?
46. Haben Sie jemals in einem Team gearbeitet, in dem einer oder mehrere sich auf der Arbeit anderer ausgeruht haben. Wie sind Sie damit umgegangen?
47. Wie gehen Sie mit Veränderungen um?
48. Welche Aufgabe war für Sie zu schwer und wie haben Sie das Problem gelöst?
49. Was werden Sie in den ersten 30 Tagen dieses Jobs unternehmen?

Kulturfragen / Fitting

50. Für was waren Sie in Ihrem alten Job verantwortlich?
51. Was hat Sie an diesem Unternehmen interessiert?
52. Wie sieht das ideale Unternehmen für Sie aus?
53. Was wäre für Sie eine ideale Arbeitssituation?
54. Wann waren Sie in Ihrem Job am meisten zufrieden?
55. Welche Kultur reizt Sie mehr – strukturiert oder unternehmerisch?
56. Was trifft mehr auf Sie zu: Sie sind Detail orientiert – Sie sind visionär?
57. Was ist besser: Sollte ein Chef geliebt oder gefürchtet werden?

58. Was sind die zentralen Eigenschaften einer guten Führungskraft?
59. Und einer schlechten?
60. Was ist der Unterschied zwischen gut und außergewöhnlich?
61. Welche Konflikte haben Sie in Ihren bisherigen Jobs schon erlebt?
62. Wenn ich Ihr Chef wäre und würde etwas von Ihnen verlangen, von dem Sie nicht überzeugt sind – was würden Sie tun?

Charakterfragen / Wertetest

63. Nennen Sie fünf Begriffe, die Ihren Charakter beschreiben.
64. Welche drei Charaktereigenschaften würden Ihre Freunde Ihnen nachsagen, um Sie zu beschreiben?
65. Worauf sind Sie besonders stolz?
66. Was war die wichtigste Lektion, die Sie in der Schule gelernt haben?
67. Was war die wichtigste Lektion Ihres Studiums?
68. Wer hat Sie in Ihrem Leben entscheidend geprägt? Wie?
69. Gab es einen Menschen in Ihrer Laufbahn, der Sie verändert hat?
70. Welcher Manager ist für Sie ein Vorbild und warum?
71. Mit welchen Persönlichkeiten kommen Sie am besten zurecht und warum?

72. Was war die schwerste Entscheidung, die Sie in den vergangenen zwei Jahren treffen mussten?
73. Wann haben Sie etwas falsch gemacht. Wie sind Sie damit zurecht gekommen?
74. Was bedauern Sie am meisten? Warum?
75. Mittagessen: Sie ordern ein Steak, englisch. Der Kellner bringt es durchgebraten. Was tun Sie?
76. Wie würden Sie sich fühlen, wenn Sie für jemanden arbeiten müssten, der weniger weiß als Sie?
77. Angenommen Sie finden heraus, dass Ihr Arbeitgeber etwas Verbotenes tut – wie gehen Sie damit um?
78. Was für ein Auto fahren Sie?

Fangfragen zum Web 2.0 (beispielhaft)

79. Wir haben ein Video im Netz gefunden, dass Sie bei einem Hallenturnier zeigt. Dabei foulen Sie einen Mitspieler, was der Schiedsrichter jedoch nicht mitbekommen hat. Würden Sie sich auch heute über Regeln hinwegsetzen, wenn es Ihnen nutzt?
80. Auf Twitter schreiben Sie häufig, dass Sie gerade keine Lust haben zu arbeiten. Sind Sie jemand, der stark motiviert werden muss?
81. Sie schreiben in Ihrer Bewerbung, dass Sie gute Kontakte in Ihrer Branche besitzen. In Xing sind Sie aber mit den einschlägigen

Leuten und auch mit vielen Ihrer Kollegen gar nicht vernetzt. Wie erklären Sie sich das?

82. Auf StudiVZ gehören Sie einer Gruppe von Frauen an, die sich dazu bekennt, meistens keine Unterwäsche zu tragen. Glauben Sie das könnte den Betriebsfrieden stören, falls das unsere Kunden erfahren?

83. Haben Sie schon mal einen persönlich beleidigenden Kommentar in einem Blog gepostet? Wir hatten da neulich etwas gefunden bei... Wie hieß das Blog doch gleich...?

84. Bei unseren Recherchen haben wir festgestellt, dass Sie bei Ihrem bisherigen Arbeitgeber während der Arbeitszeit viel online waren und auf anderen Webseiten Kommentare gepostet haben. War das in Ihrem bisherigen Job erlaubt oder waren Sie dort nicht ausgelastet?

85. In Ihrem Lebenslauf steht, dass Sie sich zwischen März und Juli weitergebildet haben. In Ihrem Facebook-Profil findet man aus dieser Zeit aber fast ausschließlich Strandfotos aus Thailand. Worin genau bestand die Weiterbildung?

86. In Ihrem Blog beschreiben Sie, dass Sie es hassen mit Kollegen zusammen zu arbeiten, die nicht einmal Ihre Muttersprache richtig sprechen. Wie schätzen Sie Ihre interkulturelle Kompetenz ein?

87. Im Profil eines Ihrer besten Freunde auf StudiVZ ist ein Foto von Ihnen verlinkt, dass Sie in ziemlich desolatem Zustand auf einer Party zeigt. In den Profilen Ihrer anderen Freunde haben wir ähnliche Bilder gesehen. Könnte das die Note 3 in Ihrem Bachelor-Abschluss erklären?
88. Auf Myspace besteht Ihr Freundeskreis fast ausschließlich aus Pornodarstellerinnen. Kennen Sie die eventuell aus einem früheren Job?

Spontaneitäts- und Stressfragen

89. Wozu ist der Filz auf einem Tennisball?
90. Wie oft am Tag überlappen sich die Zeiger einer Uhr?
91. Wie würden Sie ein Flugzeug vermessen – ohne Maßstab?
92. Wenn Sie ein Superheld sein könnten, welche Superkraft würden Sie wählen?
93. Wenn Sie ein Tier wären, welches wären Sie?
94. Wenn Sie wählen können, jetzt an irgendeinem Ort dieser Erde zu sein, wo wären Sie?
95. Welche drei Dinge würden Sie auf eine einsame Insel mitnehmen?
96. Was würden Sie tun, wenn Sie im Lotto gewinnen?
97. Verkaufen Sie mir diesen Bleistift!

98. Nennen Sie mir 10 Dinge, wozu man einen Stift noch benutzen kann!

99. Was machen Sie, wenn Sie Spass haben wollen?

100. Wie mache ich mich in Ihren Augen als Interviewer?

Die letzte Frage ist natürlich besonders perfide. Denn hier geht es in der Regel nicht um ein Feedback – oder zumindest nur vordergründig. Vielmehr ist es eine Art Rückgrat-Test oder Selbstbewusstseinsfrage. Denn wer jetzt sofort undifferenziert loslobt, outet sich als potenzieller Schleimer, der womöglich alles für diesen Job tun würde.

Der beste Ausweg aus einer solch fiesen Fangfrage ist übrigens, diese nicht zu beantworten, sondern der Wechsel in die Metaebene: "Das klingt für mich wie eine Fangfrage. Ich würde mich mit Ihnen lieber noch über den Job unterhalten..."

Schlagfertigkeit

Vorbereitung ist alles. Wenn Sie in das Bewerbungsgespräch gehen, empfehle ich auf die Fragen präpariert zu sein. Aber Achtung: Von 50 vorbereiteten Fragen, werden dann in der Realität nur drei gestellt. Aber es gibt Ihnen eine Sicherheit, die sich auf das ganze Gespräch abfärbt.

Den Trick, den die meisten Bewerber nicht bei Bewerbungsgesprächen nutzen, ist Gefühle mit in die Bewerbung hineinzunehmen.

Das traut sich fast niemand. Doch Sie werden sehen, dass Sie sich automatisch unter die Spitzenreiter für diesen Job katapultieren. Lassen Sie Begeisterung spüren, für die Firma, bei der Sie arbeiten wollen.

Aus diesem Grund gebe ich Ihnen hier einige Formulierungen, die jeden Bewerberkandidaten, jedoch vorrangig Sie, unter die engere Auswahl katapultiert.

Formulierungen, die Gefühle ansprechen

- Mir gefällt ihr Unternehmen
- Ihre Firma ist die Firma, zu der ich mich im Herzen hingezogen fühle. Ich sage Ihnen auch warum...
- Ich mag Ihre Firma, Ich mag Ihre Produkte, Ich mag die Art Ihrer Werbung, Ich mag das Gebäude...
- Herr Personalchef ich sage Ihnen hiermit: Ich bin heiß auf den Job!
- Ich finde die Atmosphäre hier sympathisch. Hier herrscht eine schöne Energie...
- Ihre Firma strahlt etwas aus, das mich anzieht....
- Schon als ich Student war, bin ich immer an Ihrer Firma da vorne im Kreisel vorbei gefahren und hab hierher geschaut. Dann habe ich mir gesagt: Irgendwann werde ich hier arbeiten!
- Bei Ihrer Firma empfinde ich alles stimmig.

Die Gemeinsamkeit bei diesen Formulierungen ist, dass da Gefühlsverben vorkommen. Hingezogen fühlen, mögen, gefallen, heiß sein, sympathisch finden, anziehen, als stimmig empfinden.

Die „normale" Redeweise

Viele Bewerber meinen, Sie müssen, wenn Sie bei einem Vorstellungsgespräch sitzen, sich besonders gepflegt ausdrücken.

"Ich bin zu tiefst überzeugt, dass meine Kernkompetenz des zielorientierten Marketings in ihrem innovativen Unternehmen große wirtschaftliche Zugewinne zeitigen wird."

Das ist akademisches Bla, Bla, so spricht kein normaler Mensch. Sprechen Sie so, wie sie auch mit ihrem Partner zu Hause sprechen würden, das hat die höchste Wirkung.

"Herr Hansen, ich weiß einfach wie Marketing funktioniert - und ihre Firma kann davon profitieren... wenn Sie will."

Die Homepage des Unternehmens

Vertiefen Sie sich mindestens eine halbe Stunde in die Homepage des Unternehmens. Es ist eine Katastrophe, wie wenig viele Bewerber von Ihrer zukünftigen Firma wissen. Lesen Sie die Homepage wirklich durch und verschaffen Sie sich ein Bild über Mitarbeiter, Produkte, Märkte, Philosophie und was auch immer.

Wenn die Frage kommt: Was wissen Sie über unsere Firma, dann sollten Sie mindestens 2 Minuten frei reden können. Der zukünftige Arbeitgeber erkennt: Da interessiert sich einer wirklich für meine Firma.

Folgende Fragen sind beim Bewerbungsgespräch zu erwarten:

- Was wissen Sie über unsere Firma?
- Kennen Sie einige Produkte von uns?
- Wie kennen Sie uns bereits, was wissen Sie über unser Unternehmen (Produkte, Marktposition, Dienstleistungen etc.)?

Tipps für Antworten:

- Ich habe Ihre Homepage intensiv durchgelesen...
- Laut meinen Recherchen, ...
- Ich weiß, dass Sie gerade am Projekt XY arbeiten und es würde mich interessieren...
- Es ist mir bekannt, dass Sie eine neue Abteilung gründen...

Noch vor dem Bewerbungsgespräch ist es dringend empfehlenswert, dass Sie sich möglichst viele Informationen über das Unternehmen beschaffen und am besten aus verschiedenen Quellen. Bei der Frage, "Was wissen Sie über uns?", hört jeder Chef gerne, dass das Unternehmen eine entsprechende Abteilung erweitern will, dass Sie sich für die zu

Zeit laufenden Projekte interessieren, dass die Handelspartner eine gute Zukunft vorhersagen etc.

Als Quelle kann nicht nur die entsprechende Homepage dienen, sondern auch Werbeinserate, Zeitungsartikel, TV-Berichte, Bilanzen, usw.

Wenn Sie dem zukünftigen Arbeitgeber diese Quellen erwähnen können, ist dieser einfach erst mal von Ihnen beeindruckt!

Eine Sache, die fast niemand tut ist folgende: Gehen Sie einige Tage vor dem Vorstellungsgespräch zu der Firma vor den Haupteingang. Dann sprechen Sie in der Mittagspause einige herauskommende Mitarbeiter an: "Ich möchte in dieser Firma arbeiten. Dürfte ich Sie zum Mittagessen einladen? Mich interessiert diese Firma." Wenn Sie Glück haben, dann treffen Sie sogar auf einen Mitarbeiter, der in ihrer zukünftigen Abteilung arbeitet. Dann fragen Sie den Mitarbeiter während des Mittagessens aus.

Schauen Sie, wie die Mitarbeiter über Ihre Firma reden. Wenn das positiv ist, dann sind Sie in der richtigen Firma gelandet, dann erzählen Sie das auch dem Personalchef. Wenn das negativ ist, dann verschweigen Sie es. Aber Sie für sich wissen, woran Sie eventuell sind.

Nicht vergessen: eine Stimme ist nur eine Stimme! Das muss nicht signifikant sein. Und es gibt immer

Menschen, die an allem etwas schlecht finden. Deshalb ist das Befragen von mehreren Mitarbeitern sinnvoll.

Wenn Sie dem Personalchef von dieser Aktion erzählen und detailliert sagen können, wie die Aufgabe konkret aussieht und was Sie an dieser Aufgabe und dieser Firma reizt, dann werden Sie automatisch vom untersten Stapel der Bewerber auf die Spitze des Stapels gelegt.

Stellen Sie selbst Fragen!

Scheuen Sie nicht davor, selbst Fragen zu stellen und lassen Sie auch den Gesprächspartner über sein Unternehmen erzählen. Hören Sie den Antworten aufmerksam zu und machen Sie sich Notizen auf einem Schreibblock. Das signalisiert dem Personalchef, dass Sie über dieses Angebot gut nachgedacht haben und Ihr Interesse ehrlich ist. Sie machen sich dadurch wertvoll. Wenn Sie Fragen stellen bekommt der Personalchef den Eindruck, dass seine Firma sich auch bei Ihnen bewirbt. Und so soll es auch im Idealfall sein.

Was kann ich selbst Fragen?

- Welche Zukunftsmärkte sehen Sie mit ihren Produkten?
- Wie gehen Sie mit der Globalisierung um?

- Gibt es Bestrebungen neue Firmen dazu zu kaufen?
- Was sind ihre Hauptvorteile gegenüber ihren wichtigsten Mitbewerbern?
- Welche Führungsrichtlinien sind bei Ihnen festgeschrieben?
- Wie wird in Ihrer Firma mit Konflikten umgegangen?
- Welches ihrer Produkte macht den meisten Umsatz?
- Wie sieht die Fluktuationsrate bei neuen Mitarbeitern aus? Wie lange bleibt ein neuer Mitarbeiter bei Ihnen durchschnittlich?
- Wo sehen Sie Ihre Firma in 5 Jahren? (Achtung, diese Frage bringt etliche Verantwortliche ins Stottern, weil Sie keine Visionen haben)
- Gibt es ein soziales Engagement in ihrer Firma?
- Welche Karrierechancen gibt es?
- Wie sieht ihr Umweltengagement aus?
- Wie häufig gibt es Mitarbeitergespräche?
- Sind Sie eine gute Firma? ' Ja ' Warum?

Warum diese Firma?

Lassen Sie sich nicht überraschen, wenn Sie bei der Bewerbung die Frage: "Warum haben Sie gerade unsere Firma gewählt?" bekommen, weil es die meist gestellte Frage ist. Hier interessiert sich der Arbeitgeber, ob es Ihr "Wunscharbeitsplatz" ist, oder bloß eine Überbrückung, bis Sie was Besseres finden.

- Warum haben Sie gerade unsere Firma gewählt?
- Was hat Sie veranlasst, sich auf diese Stelle zu bewerben?
- Was reizt Sie an dieser Position am meisten?
- Was erwarten Sie speziell von uns, was erhoffen Sie sich?
- Warum wollen Sie den Arbeitsplatz wechseln?
- Was erwarten Sie von Ihrer Arbeit?
- Bewerben Sie sich zu Zeit gleichzeitig auch bei anderen Firmen um eine Stelle?
- Bei welchen Firmen haben Sie sich sonst noch beworben?

Tipps für Antworten:

- Ich fühlte mich von Ihren Ergebnissen und Zielen angesprochen.
- Ihr Haus hat einen guten Ruf.
- Ich denke, bei Ihnen kommt meine Kreativität und Produktivität am besten zur Geltung.
- Ich hatte bisher wenige Möglichkeiten, meine Fähigkeiten einzusetzen. Bei Ihnen scheint das möglich zu sein

- Erwartungen: Die Möglichkeit meine Fähigkeiten einzusetzen, Leistung zu erbringen und Anerkennung zu erhalten.
- Ich erwarte, dass ich hier bei Ihnen erlebe, wie ich einen Teilbereich Ihrer Firma messbar nach vorne bringe. Und das ist das, was mir Befriedigung bringt.
- Ja, es sind noch drei Bewerbungen am Laufen, bei denen ich auch Gespräche hatte und wo ich noch auf die Ergebnisse warte. Die Firmen zeigten sich sehr interessiert an mir. Ihre Firma reizt mich aber am meisten.

Geben Sie mit ruhigen Gewissen zu, dass es noch zwei-drei Stellen gibt, wo die Situation offen steht, aber am Liebsten würden Sie hier arbeiten, weil...

Nennen Sie ein paar Argumente, die Ihrer Meinung nach diese Stelle interessant machen. Hier bietet sich der Raum, um Ihre Fähigkeiten und Qualitäten zu betonen. Z.B. Hervorragende Kommunikations- und Organisationsfähigkeiten, erreichte Ergebnisse oder ihre Fremdsprachenkenntnisse etc. Als Grund sollte Sie nie das Gehalt nennen. Nur finanzielle Motivation spricht dafür, dass Sie in dem Job nicht wachsen, sondern nur so viel Geld wie möglich aus ihm rausholen wollen.

Es könnte eine Frage kommen, wieso Sie den vorigen Arbeitgeber verlassen haben. Vermeiden Sie in diesem Falle Bemerkungen, bei dem Sie ihn schlecht aussehen lassen. Es könnte Zweifel erwecken, was die Loyalität gegenüber dem neuen Arbeitgeber angeht. Der Grundsatz lautet: So, wie Sie über ihren alten Arbeitgeber reden, so werden Sie wahrscheinlich irgendwann auch über ihre neuen Arbeitgeber reden.

Wie würden Sie sich als Mensch beschreiben?

Hier erwartet man von Ihnen, dass Sie Ihren Lebenslauf, der dem Personalchef schon bekannt ist, um ihre typischen Eigenschaften, Stärken, Schwächen und Interessen etc. ergänzen.

Mit dieser Art von Fragen will man Sie auch als Mensch, als Charakter... näher kennen lernen, um zu erkunden, ob Sie mit anderen Mitarbeitern und Chefs gut auskommen.

- Nennen Sie Ihre Stärken.
- Nennen Sie Ihre Schwächen. (Antworten Sie bei Schwächen niemals "Ich habe keine"
- Beschreiben Sie sich in drei Wörtern.
- Welche drei positiven Eigenschaften sind für Sie typisch?
- Wie gehen Sie mit Kritik, Misserfolg und Stress um?
- Sie erwecken nicht den Anschein, dass Sie auch Mal mit der Faust auf dem Tisch hauen können?

- Wie würden Sie sich als Mensch beschreiben?

Tipps für Antworten:

- Stärken: Teamfähigkeit, Organisationsgeschick, Kommunikationsstärke, zielorientiertes Arbeiten, Gesprächsbereitschaft, Kritikfähigkeit, Loyalität, Durchsetzungsvermögen, Anpassungsfähigkeit etc. (Aber geben Sie immer konkrete Beispiele dafür. Das Wort allein, erzeugt fast keine Wirkung)
- Schwächen: Überpünktlichkeit, akribische Arbeitsweise, brauche Morgens eine Stunde, bis ich auf Touren komme, bin detailbesessen, Kann schlecht "Nein" sagen, neige zum Perfektionismus, bin ungeduldig, kann schlecht vor Publikum reden... etc.
- Eine begründete konstruktive Kritik dient meiner Verbesserung und bringt mich weiter.
- Ich habe die Gabe Dinge durch überzeugendes Reden so rüber zu bringen, dass ich nie auf dem Tisch hauen muss.
- Meine Schwächen? Wie viel Zeit haben Sie? (Humor ist immer gut)
- Welche Schwächen haben denn Sie?

Nützliche Ratschläge

Bei der Frage über Ihre Stärken will niemand eine Aufzählung von Eigenschaften in Hauptwortmanier hören.

Beschreiben Sie Ihre Stärken anhand konkreter Beispiele aus dem Arbeitsleben und aus dem übrigen Alltag. Wählen Sie Eigenschaften aus, die für einen Arbeitgeber interessant sein können.

Die meisten Menschen wissen nicht, wie man eine erreichte Leistung so verkauft, dass der andere wirklich beeindruckt ist. Sie haben die Formel für Gold gefunden, aber beim anderen wirkt es nur so, als ob sie eine Steuererklärung fehlerfrei ausgefüllt haben.

Achtung bei der Frage über Ihre Schwächen: Niemand ist perfekt. Eine Stärke liegt hingegen darin, seine Schwächen zu kennen. Beschreiben Sie sie deswegen Ihrem zukünftigen Arbeitgeber offensiv und ehrlich. Versuchen Sie angemessen selbstkritisch zu reagieren. (Ich nehme Drogen, stehle und schlage unmotiviert fremde Kinder... sollten Sie eventuell nicht erwähnen) Wenn Sie eine Schwäche nennen, ergänzen Sie danach immer den Satz mit einem "aber..." und dann fügen Sie einen positiven Gegenpunkt an.

Z.B. Ich brauche Morgens immer erst eine Stunde, bis ich auf Touren komme. Aber dafür bin ich dann am Abend immer länger leistungsfähig und deshalb bleib ich auch oft länger am Abend, weil ich da am produktivsten bin.

Z.B. Ich kann schlecht "Nein" sagen. Aber bei wichtigen Dingen, die das Wohl der Firma betreffen bin ich hart.

Uni-Absolventen können Mangel an Praxis oder, dass die gelernte Theorie sich nicht immer mit der Praxis deckt, erwähnen.

Was die größten Erfolge angeht, beschreiben Sie kurz einige Aufgaben, die Sie in der Arbeit gelöst haben, es kann auch ein konkretes Projekt sein.

Warum gerade Sie?

Bei dieser Frage sollen Sie den Personalchef überzeugen, dass Sie der richtige Mann/Frau für diese Firma sind. Weisen auf Ihre Ausbildung, bisherige Erfahrungen und -erfolge, berufliche Ziele etc. hin.

Folgende Fragen sind beim Bewerbungsgespräch zu erwarten:

- Warum sollen wir gerade Sie einstellen und keinen der anderen Bewerber?
- Wo hatten Sie in Ihren bisherigen beruflichen Tätigkeiten Erfolg?
- Ich fürchte Sie sind dieser Aufgabe nicht gewachsen.
- Ihnen fehlt es an Berufserfahrung.

Tipps für Antworten

- Weil meine Ausbildung und Fachrichtung Ihren Anforderungen entsprechen.
- Meine bisherigen Arbeitsergebnisse sprechen für sich alleine.
- In meiner Diplomarbeit befasste ich mich intensive mit dem Marktbereich in dem Sie tätig sind.
- Da täuschen Sie sich, Sie werden Augen machen, wie schnell ich die Sache in Griff bekomme.
- Gerade weil ich keine Berufserfahrung habe, kann ich unkonventionelle neuartige Lösungen entdecken.

Nützliche Ratschläge

Sprechen Sie über Lieblingsfächer, geben Sie eine ausführliche Auskunft über die Zahl der besuchten

Kurse, Weiterbildungsprogrammen, über Projekte an denen Sie aktiv teilgenommen haben, weisen Sie auf Ihre Fremdsprachenkenntnisse hin, Arbeit mit PC etc.

Den potentieller Arbeitgeber interessiert, was Sie Ihm zu bieten haben, es müssen nicht gleich jahrelange Erfahrungen sein, manche Unternehmen suchen vor allem junges und frisches Blut mit neuen und modernen Ideen. Hier besteht auch die Möglichkeit darauf hinzuweisen, dass Ihre bisherigen Arbeitgeber fast keine Abwesenheit in der Arbeit aufweisen konnten, begründen Sie dieses ruhig mit Ihrem guten Gesundheitszustand.

Nennen Sie ein Beispiel, wo Sie erfolgreich im Team gearbeitet haben, welche Verbesserungen Sie in Ihrer letzten Funktion eingeführt haben, auf welche berufliche Leistung Sie besonders stolz sind, in welchen außerberuflichen Bereichen Sie sich engagieren etc.

Wie sehen ihre Zukunftspläne aus?

Bei Fragen dieser Art, sucht der Personalchef eine Art Bestätigung, ob es sich lohnt, Sie einzuschulen und in die Geheimnisse der Firma einzuweihen. Damit werden Sie nämlich zu einer Investition. Wie stehen Sie zu der Tatsache, dass Sie eventuell den Wohnort wechseln müssten, in welchem Maße kann die Arbeit Ihr Privatleben beeinflussen?

Folgende Fragen sind beim Bewerbungsgespräch zu erwarten:

- Wo wollen Sie in 5 Jahren stehen?
- Wären Sie wegen der Arbeit bereit den Wohnsitz zu wechseln?
- Welche Zukunftspläne haben Sie? (Familienplanung, sprich Kinder, Heirat etc.)
- Was sagt Ihr Lebenspartner zu ihren Plänen?
- Wie lange würden Sie bei uns bleiben?

Tipps für Antworten

- An solchem Platz, der uns beide zufrieden stellt und der Firma zum höchst möglichen Erfolg verhilft.
- Ein Wohnsitzwechsel stellt für mich kein Problem dar.
- Von meinen Lebenspartner bekomme ich die volle Unterstützung.
- So lange wir beide das Gefühl haben, dass ich einen konstruktiven Beitrag leiste, etwas erreiche, dazulerne etc.

Nützliche Ratschläge:

Berichten Sie von Ihren Vorstellungen und Ambitionen, nennen Sie Beispiele dafür, wie Sie sich Ihre zukünftige Tätigkeit vorstellen. berichten Sie, wie sich Ihre Arbeitssituation auf kurze und lange Sicht gestalten soll. Berichten Sie von der Familienplanung nur dann, wenn Sie konkret danach gefragt werden, Sie müssen auf private und intime Fragen keine Antwort geben. Am besten diplomatisch andeuten, dass z.B. die Heirat keinen Einfluss auf Ihre Arbeit haben wird.

Wie sind ihre Gehaltsvorstellungen?

Mit dieser Frage will der Arbeitgeber herausfinden, ob er Sie sich leisten kann, aber auch, ob Sie sich ihrer Leistung auch wert sind. Gehen sie 5% bis 20% über Ihr letztes Gehalt! Das braucht Mut aber er wird Ihnen schon sagen, wenn es ihm zu hoch ist. Dann können Sie kontern: "Wie ist denn ihre Vorstellung?" Tragen Sie ihre Gehaltswünsche mit Selbstbewusstsein in der Stimme vor. Ziehen Sie die Stimme am Ende des Satzes nach unten. Dort muss ein gedachter Punkt mit gesprochen werden, nur dann wirkt es so, als ob Sie sich ihr Geld auch wert sind.

Folgende Fragen sind beim Bewerbungsgespräch zu erwarten:

- Wie stellen Sie sich Ihr Gehalt vor?
- Welche Summe würde Sie zufrieden stellen?

Tipps für Antworten

- 3'500.- Euro mal 13! Wo steht Ihre Firma, von heute an in 5 Jahren? (Ablenkungsfrage)
- Wie hoch war denn die Stelle bei meinem Vorgänger entlohnt?
- Was ist ihr Budget?

Nützliche Ratschläge

Ob der Personalverantwortliche den Eindruck hat, dass Sie ihr Geld wert sind, hängt nicht so sehr vom genannten Betrag ab, sondern davon, mit welcher Selbstverständlichkeit und Betonung sie das Gehalt nennen. Deshalb wenden Sie einen Trick an: Nachdem Sie das Gehalt mit Selbstbewusstsein in der Stimme genannt haben, stellen Sie dem Personalchef ohne Pause eine Ablenkungsfrage. Dadurch dokumentieren Sie in der Subbotschaft: Das Gehalt ist etwas, über das wir uns hier nicht länger aufhalten müssen. Kommen wir mal zu den wichtigeren Dingen..."

Vergessen Sie nicht zu fragen, ob es auch andere Vorteile, Weiterbildungsmöglichkeiten, und Karrieremöglichkeiten, ...u.s.w gibt. Vor allem aber, ob Ihr Gehalt im Laufe Ihrer Kariere eine Bewegung in Richtung "oben" machen wird. Es ist sicher besser und angenehmer, sich schon im Voraus zu einigen, als nach Jahren mit dem Gehalt unzufrieden zu werden und mehr Geld zu verlangen. Seien Sie darauf vorbereitet, dass der Personalchef wissen will, wie Sie sich Ihren Gehalt in der Probe zeit vorstellen und wie sich die Lohnbedingungen später entwickeln sollten.

Einige Arbeitgeber nennen keine bestimmte Summe, sondern eine Bandbreite von dem, was für Sie als gutes Gehalt ansehen und was als wenig gutes. Entscheiden Sie sich immer für das obere!

Ein paar gute Tipps zum Schluss:

- den Blickkontakt nicht vergessen, dieser verrät einem erfahrenen Personalchef, dass Sie interessiert zuhören und wie selbstbewusst Sie sind. Wenn Sie Probleme haben jemanden länger anzuschauen, hier der Trick: Schauen Sie einfach auf die Nasenmitte! So können Sie stundenlang schauen, und jeder Mensch empfindet das als intensiven Blickkontakt.

- Vermeiden Sie unentschuldigtes zu spät Kommen. Nehmen Sie ihr Handy mit und auch die Direktnummer des Gesprächspartners, damit Sie Bescheid sagen können, falls irgendetwas dazwischen kommt.
- Vermeiden Sie Jungendsprache, Vulgärsprache oder Slang (echt krass ej, die Tussie im Werbespot...)
- achten Sie auf die Körpersprache, diese kann nämlich viel verraten, Eigenschaften wie Selbstbewusstsein oder Offenheit werden automatisch in die Körpersprache projiziert. Halten Sie sich aufrecht. Halten Sie einen stabilen Blickkontakt. Stehen Sie immer mit durchgesteckten Beinen. Das wirkt selbstbewusst und souverän.
- Der Händedruck ist entscheidend. Gegen Sie ihrem zukünftigen Arbeitgeber kräftig die Hand. Ich habe Kandidaten direkt beim Händedruck schon innerlich als unbrauchbar abgelehnt. Wenn jemand Ihnen die Hand gibt und Sie haben den Eindruck einer Leiche die Hand zu schütteln, wollen Sie so einen Menschen nicht als Repräsentant ihrer Firma haben. Leider merken die betroffenen Menschen das nicht selber. Die Armen haben den Eindruck sie zerquetschen dem anderen schon die Hand, aber der andere denkt immer noch die geschüttelte Hand könnte eventuell gelähmt sein. Trainieren Sie das

unbedingt mit einem Menschen ihres Vertrauens, der Ihnen auch ehrliches Feedback gibt.

- Sehr wichtig ist auch der Tonfall in der Stimme. Lebendigkeit ist das Gebot der Stunde. Sie sollen tendenziell eine kräftige Stimme haben. Das signalisiert Selbstbewusstsein. Geben Sie Druck in die Stimme und sprechen Sie aus dem Bauch heraus.
- Bedenken Sie immer, dass es besser ist auch eine unpopuläre Idee auszusprechen, als gar keine Meinung zu haben.
- eine Rolle bei einem Bewerbungsgespräch spielt auch das Aussehen, wählen Sie deshalb sorgfältig und entsprechend zur angebotenen Stelle Ihre Kleidung aus. "Die Verpackung verkauft das Produkt, und nicht umgekehrt"

Ihre Gehaltsforderungen sind ziemlich happig!

- o Wichtig ist nicht was ich verlange, sondern was ich Ihnen bringe. Ich bringe Ihnen ein Vielfaches von dem was ich koste... Sonst würde ich mich bei Ihnen gar nicht beworben haben.

- Es ist gut für Sie, wenn ich viel verlange - denn je mehr ich verlange, desto mehr verdienen Sie an mir!

- Ich bin wie eine Schublade mit Zauberwirkung. Wenn Sie in diese Schublade 100.- Euro reinlegen und ziehen sie nach einem halben Jahr wieder auf, dann liegen 300.- Euro drin. Wenn Sie 1'000.- Euro reinlegen, dann liegen nach einer Zeit 3'000 Euro drin. Sie tun gut daran, möglichst viel in diese Schublade (Zeigen Sie auf sich!) zu legen.

Schlusswort

Nach dieser Lektüre, brauchen Sie nun keine Angst mehr vor Ihrem bevorstehendes Vorstellungsgespräch haben. Sie erhielten weit mehr als 150 Beispiele um sich intensiv auf Ihr Vorstellungsgespräch vorbereiten zu können. Denken Sie an Selbstsicherheit und ein dementsprechendes Auftreten.

Ich wünsche Ihnen viel Glück und Erfolg in Ihrem zukünftigen Job!

Herzlichst

Ihr Gordon Kronzucker

Literaturtipps:

- Solar Ratgeber, Auflage 2, 2010 von Gordon Kronzucker.
  ISBN: 978-384-232-541-8.
  Erschienen 2010 bei der BOD GmbH

- Orgasmus, Auflage 1, 2010 von Annegret Lehmann und Clemens Blättermann.
  ISBN: 978-384-232-966-9
  Erschienen 2010 bei der BOD GmbH

- Fragekatalog Vorstellungsgespräch, Auflage 1, 2010 von Gordon Kronzucker.
  ISBN: 978-383-918-117-1
  Erschienen 2010 bei der BOD GmbH

Literatur- und Quellenverweise

Weblinks:

- http://karrierebibel.de/fragenkatalog-%E2%80%93-100-typische-fragen-im-vorstellungsgesprach/

- http://www.bewerbung-forum.de/vorstellungsgespraech.html

- http://www.schlagfertigkeit.com/bewerbungsgespraech-vorstellungsgespraech.htm

Keine Abmahnung ohne vorherigen Kontakt!

Sollten einzelne Inhalt oder Aufmachung dieses Buches Rechte Dritter, gesetzliche oder Wettbewerbsrechtliche Bestimmungen verletzen, bitten wir um kurze Benachrichtigung ohne Ausstellung einer Kostennote. Zu Recht beanstandete Passagen, Grafiken oder Textteile werden schnellstmöglich von uns entfernt und/oder richtig gestellt, so dass die Einschaltung eines Rechtsbeistandes nicht erforderlich ist. Dennoch von Ihnen ohne vorherige Kontaktaufnahme ausgelöste Kosten werden wir vollumfänglich zurückweisen und ggf. Gegenklage wegen Verletzung der vorgenannter Bestimmungen einreichen.